THÉODORE VIBERT

CANDIDAT A L'ACADÉMIE FRANÇAISE

NOTICE

SUR SA VIE ET SUR SES ŒUVRES

PAR

Arsène THÉVENOT

MEMBRE ET LAURÉAT DE PLUSIEURS ACADÉMIES.

Un poëte est un monde enfermé dans un homme.
VICTOR HUGO.

PARIS
A. CHÉRIÉ, LIBRAIRE-ÉDITEUR
13, rue de Médicis

1877

THÉODORE VIBERT

CANDIDAT A L'ACADÉMIE FRANÇAISE

NOTICE

SUR SA VIE ET SUR SES ŒUVRES

PAR

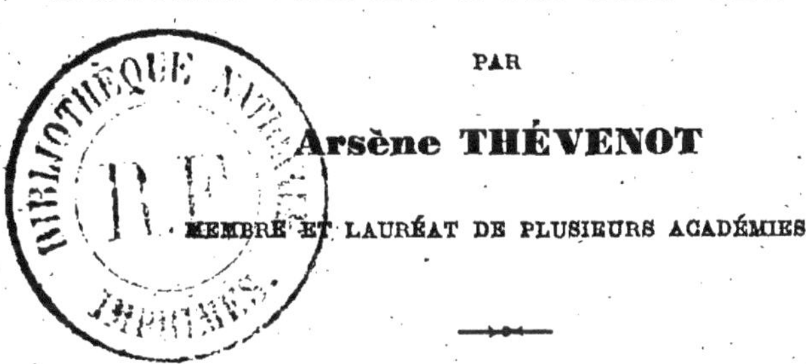

Arsène THÉVENOT

MEMBRE ET LAURÉAT DE PLUSIEURS ACADÉMIES.

> Un poëte est un monde enfermé dans un homme.
>
> VICTOR HUGO.

PARIS

A. CHÉRIÉ, LIBRAIRE-ÉDITEUR

13, rue de Médicis

1877

Arcis-sur-Aube. — Imp. Léon Frémont.

THÉODORE VIBERT

CANDIDAT A L'ACADÉMIE FRANÇAISE

NOTICE

SUR SA VIE ET SUR SES ŒUVRES.

Un poëte est un monde enfermé dans un homme.
(VICTOR HUGO.)

I

Enfance et études de M. Théodore Vibert.

M. VIBERT (Claude-Théodore) est né le 4 juin 1825, à Paris, dans l'antique rue Saint-Jacques, où son père exerçait la profession d'entrepreneur de menuiserie. Il n'avait encore que trois ans lorsqu'il perdit sa mère, enlevée subitement par le choléra. Onze ans plus tard, c'est-à-dire en 1839, il resta tout-à-fait orphelin avec trois sœurs, dont une plus jeune que lui devait bientôt mourir poitrinaire à 17 ans.

A 18 ans, Théodore Vibert était mathématicien de première force, dessinait, faisait de la musique, jouait aux échecs, faisait des vers, lisait couramment Lord Byron et Shakspeare qu'il adorait et menait de front ses études.

A vingt ans, ayant terminé ses humanités, il éprouva cet impérieux désir de voir, qu'il ne faut point confondre avec un sentiment de vaine et stérile curiosité, mais qui, chez les intelligences d'élite, dénote la noble ambition de connaître le monde et de s'instruire des choses de la vie pratique. Il voulut donc voyager et parcourut une partie de l'Europe à pied, comme Bias, Pythagore et Platon, visitant successivement, en 1845 et en 1846, la Suisse, l'Italie, l'Autriche, la Prusse rhénane, l'Allemagne, la Belgique et la Hollande. M. Vibert, qui dessine et peint même fort bien, rapporta de ces voyages de riches Albums de paysages et de châteaux, copiés par lui sur nature.

Lors de son voyage en Italie, il fut reçu fort paternellement en audience privée par le pape Pie IX qui lui dit spirituellement : « Puisque vous êtes étudiant en *droit*, vous marcherez toujours dans le *droit* chemin dans la vie. »

Il fut arrêté à Venise par l'autorité militaire autrichienne et put craindre un instant le sort de Silvio, mais il fut relâché après avoir visité les arsenaux sous la conduite d'un colonel.

Il fit son droit à la faculté de Paris et obtint le grade de licencié en 1849. Cette même année, le 13 novembre, il épousa la fille d'un fermier industriel du département de l'Aisne, Melle Edma Coutant. Après son mariage, il continua d'habiter à Paris où il fit son stage et prit place au barreau le 15 décembre 1852. Mais il exerça peu de temps la profession d'avocat. Sa nature timide et très-impressionnable s'accordait mal avec les terribles émotions que produisent les affaires de cour d'assises. D'un autre côté, il répugnait à son caractère si délicat d'être parfois obligé de faire violence à sa conscience en cherchant à innocenter un véritable criminel. Ses goûts le portaient surtout vers la littérature et la vie contemplative. Aussi, jusqu'à l'année 1867, s'adonna-t-il à peu près exclusivement aux travaux de l'esprit. A cette époque, il accepta le poste de juge de paix du canton de Monfort-sur-Risle. En 1874, il fut appelé dans la ville de Sézanne (Marne), où il exerce actuellement les mêmes fonctions.

Avant d'aborder la carrière littéraire de M. Théodore Vibert, esquissons rapidement son portrait. Physiquement c'est un homme assez robuste, de grande taille et bien constitué. La figure, ce miroir de l'âme, est belle et respire la douceur et la bonté; le front que couronne une luxuriante chevelure rejetée en arrière, est largement développé; le regard sérieux et bienveillant, et toute la physionomie intelligente et sympathique à première vue. Sa santé ne laisserait rien à désirer s'il n'était atteint parfois de battements de cœur très-violents qui l'obligent à suspendre tout travail manuel ou intellectuel.

Au moral, M. Vibert est la loyauté personnifiée. Sa droiture est inflexible, il n'admet aucun des tempéraments humains à l'aide desquels tant de gens savent, de nos jours, accorder leurs petits intérêts avec leurs petites consciences. Nous citerons seulement deux traits de caractère qui suffisent à démontrer l'honnêteté scrupuleuse et la délicatesse de M. Vibert :

En 1860, un homme d'affaires vint le trouver à Verneuil-sur-Seine, où il habitait pendant l'été, pour lui proposer une affaire qu'il pouvait accepter et qui devait lui rapporter 100 francs par jour. Mais cet homme lui ayant posé comme condition de déclarer à ses clients qu'il touchait le double de cette somme, il refusa formellement de se prêter à ce mensonge, malgré l'insistance du visiteur pour le faire changer d'avis.

Il refusa également d'accepter les propositions de M. Havin, directeur du *Siècle*, qui lui offrit d'écrire dans ce journal à la condition, bien entendu, qu'il en respecterait l'esprit politique et irréligieux, et qu'il ne ferait l'éloge ni des prêtres ni des gendarmes, ni d'aucune des personnes ou des choses que le *Siècle* avait la triste mission de combattre. Son esprit catholique et libéral ne lui permit jamais de semblables transactions avec sa conscience.

En politique comme en littérature, M. Théodore Vibert n'est d'aucun parti, d'aucune école, d'aucune coterie. Amoureux enthousiaste de la liberté dans l'ordre, c'est-à-dire de la légalité, il veut rester absolument indépendant. Si l'on a pu croire qu'il affectionnait une forme préférée de gouvernement, c'est une erreur; il affectionne seulement la justice et la vérité. Mais en se tenant en dehors de tout esprit de parti, M. Vibert, comme il le dit quelque part, se fait honneur d'appartenir exclusivement au parti de l'esprit, qui vaut à lui seul mieux que tous les autres, car c'est celui où se rencontrent le plus de gens de bien de toutes les opinions.

Malgré son sincère patriotisme, M. Théodore Vibert n'a jamais pu se soumettre de bonne grâce au service de la garde nationale, qu'il a toujours regardé, non sans raison (on ne l'a que trop vu plus tard), comme illusoire, ridicule et dangereux. Aussi, fut-il condamné en 1863, par le conseil de discipline a quarante-huit heures de loisirs forcés. Il en profita pour composer la chanson suivante sur *Le Capitaine Merluchon* [1] :

1 *Rimes d'un vrai libre penseur*, p. 174.

Avez-vous vu mon capitaine,
Le capitaine Merluchon?
En hiver il porte mitaine
Bonnet de soie et bas de laine
Caleçon, tricot et manchon!

Que de fois j'étais en patrouille
A la pluie, à la neige, au vent!
Lui, cette face de citrouille,
Qui me prend pour une grenouille,
Ronflait derrière un paravent.

Comme il est fier, quand la mitraille
Gronde et pleut sur notre Paris!
Sans s'effrayer du sot qui raille,
Il voudrait posséder la taille
D'un rat ou bien d'une souris.

Mais qu'il est beau quand la victoire
A jonché de fleurs nos soldats
Allons, amis, couverts de gloire,
Voions au temple de Mémoire
Immortaliser nos combats.

Avant de quitter la bataille,
Imitez le grand Merluchon :
Quand on a bravé la mitraille,
Il faut bien faire un peu ripaille!
Qu'on fasse sauter le bouchon!

II

Edmond Reille (Roman philosophique.)

Maintenant que nous connaissons l'homme, faisons connaissance avec l'écrivain. Comme poëte et comme prosateur, M. Théodore Vibert laisse parfois un peu à désirer au point de vue de la forme; mais au point de vue du fond, au point de vue des idées et des sentiments, nous n'aurons à lui décerner que des éloges sans restriction; car il s'est montré dans tous ses ouvrages ce qu'il eut été au barreau : un défenseur intrépide et convaincu de la foi catholique, de la liberté et de la légalité.

Son coup d'essai en littérature fut un coup de maître. Il débuta, en 1856, par *Edmond Reille*, roman philosophique et moral en deux volumes, édité par Dentu. Cet ouvrage, qui emprunte la forme épistolaire, est parfaitement conçu; il révèle des qualités de penseur et d'écrivain de premier ordre. C'est à la fois l'œuvre d'un philosophe et celle d'un philanthrope, c'est-à-dire d'un homme d'esprit et d'un homme de cœur, unissant le talent qui vaut beaucoup à la vertu qui vaut mieux encore. Car il est rare, en effet, qu'un auteur ne mêle pas certaines particularités de sa vie aux faits qu'il attribue à ses héros, et surtout qu'il ne leur prête pas quelques-unes des qualités qui le distinguent lui-même. Voici, au reste, la donnée de cet ouvrage qui sert de thème en même temps à la passion la plus vive et la plus pure, et à la philosophie sociale la plus généreuse et la plus élevée.

L'auteur, pendant un voyage à Rome, fait la connaissance d'un religieux franciscain qu'il rencontrait souvent, errant comme lui, triste et solitaire, au milieu des ruines du Colysée. Ce religieux, en mourant quelques jours après, lui lègue un coffret rempli de lettres ayant trait à la vie de l'infortuné. Ce sont ces lettres qui forment le fond de l'ouvrage dont le titre est emprunté au véritable nom du père franciscain, qui n'était connu dans son couvent que sous celui du père Louis.

Edmond Reille est le fils d'un ancien officier de l'Empire fusillé en 1816, comme impliqué dans une conspiration bonapartiste des soldats de la Loire. A vingt ans, ayant perdu une jeune sœur avec laquelle il était resté orphelin, et sur qui se concentrait tout son amour sur la terre, il fait un voyage en Italie pour chercher un dérivatif à sa douleur.

Dans une excursion au Grand Saint-Bernard, il sauve d'une mort certaine, au péril de sa vie, une jeune fille tombée dans le torrent de la Doire, sous les yeux de ses parents consternés. Blanche a seize ans, l'âge de la sœur qu'Edmond a perdue; elle est belle et douce comme celle-ci. Le jeune homme qui ne l'a vue qu'un instant, en devient subitement et éperdûment amoureux. Il cherche à la revoir, la retrouve à Venise, est reçu dans sa famille, et bientôt il est payé de retour par la jeune fille qui l'aime d'un amour non moins profond et non moins chaste que le sien. Mais Blanche est la fille du noble baron allemand de Neumarkt qui, imbu comme tous ceux de sa race, des funestes préjugés de caste, regarderait toute mésalliance comme une tache faite à son blason. Pour le remercier d'un service qu'il en aurait reçu, « il donnera sa main à un noble et sa bourse à un plébéien. » Les jeunes gens s'aiment donc en silence et sans oser se l'avouer l'un à l'autre; mais ils prennent pour confidents de leurs sentiments secrets, Edmond, son ami Charles Bayne, à Paris, avec qui il entretient une active correspondance où la passion et la philosophie se mêlent tour-à-tour; Blanche, sa sœur Mme la comtesse Louise de Boisemont, à qui elle raconte également dans des lettres pleines de grâce et d'abandon les sentiments les plus intimes de son cœur.

A la nouvelle d'une légère indisposition de Blanche, Edmond croit à une maladie dangereuse de sa bien-aimée qu'il voit déjà morte, et il tombe lui-même très-gravement malade. Inquiète de ne plus le voir, celle-ci s'informe, apprend la vérité et vient, accompagnée de sa mère, prodiguer ses soins à son sauveur mourant. Le malheureux amant, au milieu de son délire, fait connaître que son état désespéré est causé uniquement par l'excès de son amour et par l'excès de sa douleur. Pour lui prouver qu'elle n'est point morte, comme il le croit, et qu'il n'est pas le jouet d'une illusion en la voyant, Blanche lui chante, en s'accompagnant sur la harpe, une charmante barcarole composée par lui, sur la ville de Venise. Toute cette scène est fort touchante et la pièce qui la termine est un véritable petit bijou littéraire. En voici la première strophe :

J'ai vu tes palais, ô Venise !
  Et j'ai vu l'étranger
Hélas ! toi que l'on divinise
  Pourquoi donc t'affliger ?
Comme une orgueilleuse carène,
Sur ton peuple de matelots,
Au sein de ton humide arène
Tu te balances sur les flots [1].

Enfin, Edmond revient à la vie et à la réalité de son bonheur, car il sait aussi qu'il est aimé. La mère est dans la confidence des deux amants dont elle comprend et approuve les sentiments ; mais il reste à initier le père et à le décider à consentir au mariage, et c'est là qu'est le nœud de la question.

La première partie de cet intéressant roman épistolaire a eu pour principal théâtre la ville de Venise ; la seconde

1 Pièce composée à Venise en 1846. (Voir *Rimes*, p. 90.)

se passe dans celle de Fontainebleau, qui fut le berceau d'Edmond, et où la famille Neumarkt possède une résidence aristocratique. Là se déroulent encore de fort jolies scènes de sentiment ; l'une surtout, pendant un orage dans la forêt, dont la passion contenue et la chaste volupté rappellent de tous points l'histoire d'Attala.

Nous passons sur les autres détails de cette correspondance à cœur ouvert, pour arriver au dénouement final et fatal. Le baron de Neumarkt est enfin instruit des sentiments et des projets conçus par les deux amants ; mais loin de les approuver, il fait connaître à sa fille sa volonté formelle de l'unir au comte de Longeville. Pour triompher d'une résistance énergique, il feint d'être complètement ruiné par une dette de jeu. Le mariage qu'il projette pour sa fille peut seul lui rendre la fortune et l'honneur. Celle-ci alors n'hésite plus à se sacrifier au bonheur de son père. Mais la supercherie est découverte après que Blanche a déjà donné sa main au comte de Longeville, devant l'officier de l'état-civil. Aussi, à l'église, est-ce à Edmond qu'elle jure devant Dieu de conserver son cœur. La situation, comme on le voit, devient très-délicate. Une provocation en duel s'ensuit ; mais Edmond proteste contre ce procédé qui, quelle que soit l'issue du combat, lui ferait perdre à jamais sa maîtresse. C'est donc son ami, M. Charles de Bayne qui, à son insu, se bat contre M. de Longeville et le tue, en même temps qu'il en est blessé mortellement. Mais toutes ces terribles émotions ont tellement ébranlé la constitution de la pauvre Blanche qu'elle ne tarde pas à expirer en vierge chrétienne entre les bras d'Edmond, après lui avoir fait jurer de ne pas attenter à ses jours, et d'attendre qu'il plaise à Dieu de les réunir dans le séjour du seul vrai bonheur. C'est à la suite de cet événement qu'il se retira à Rome, dans le couvent des franciscains, où l'auteur le vit mourir à son tour peu d'années après.

Comme on peut en juger par l'analyse qui précède, il y a dans ce roman la matière d'un drame très-émouvant et très-instructif, qu'il serait facile de mettre en scène. Nous en avons surtout indiqué la partie sentimentale, mais il s'en dégage également de grands et beaux enseignements au point de vue de la philosophie sociale. Dans cette éternelle lutte entre l'ancien et le nouveau régime, entre l'aristocratie et la démocratie, l'auteur, par l'organe d'Edmond Reille et de Charles Bayne, expose les principes d'une saine démocratie, indépendante de toute forme politique, et expurgée des erreurs et des abus dont aucun des gouvernements prétendus populaires n'ont été exempts jusqu'ici en France ; et il défend chaudement l'abolition de la peine de mort.

III

Les Girondins (Poème national)

Le poème épique des *Girondins* dont la première édition parut en 1860, renferme un total de plus de 10,000 vers alexandrins répartis en douze chants. Ce poème est précédé d'une préface qui est elle-même une œuvre historique et philosophique très-sérieuse, dans laquelle l'auteur, s'adressant à Zoïle [1], soutient contre son critique imaginaire une dialectique serrée et victorieuse. Il y fait en même temps une profession de foi littéraire, politique et sociale pleine d'indépendance ; car, comme l'a dit Millevoye :

1 Zoïle est la presse en général et non un homme déterminé dans l'esprit de l'auteur.

La noble indépendance est l'âme du talent.

Quelques personnes, dit-il, ayant fait à l'auteur l'honneur de lui demander quel était son parti, il a répondu que, grâce au ciel, il n'appartenait a aucun ; ne désirant et n'attendant rien de personne, il n'est tenu de s'attacher à aucun chef, ni de s'incliner devant aucune bannière. Ces mêmes personnes, allant plus loin, dirent à l'auteur : « Vous n'appartenez à aucun parti, très-bien ; mais au moins avez-vous une opinion ? Quelle forme gouvernementale croyez-vous qui ferait le bonheur de la France? Est-ce la République, la Monarchie représentative ou celle du droit divin ? » La réponse lui parut un peu plus difficile; cependant, après quelques instants de réflexion, il répondit par cette anecdote : « Un de mes amis se trouvait à un déjeuner de gourmets. Comme il avait une réputation de connaisseur en vins, on lui demanda lequel des trois vins de Champagne, de Bourgogne ou de Bordeaux il trouvait le meilleur. — Diable! fit-il, cela n'est pas facile à dire. Tous les trois ont du bon ; le Champagne est nerveux, il pétille, il donne la gaieté et la folie; quand j'avais vingt ans, je l'adorais; le Bourgogne est chaleureux, plein de sève et de montant; à trente ans je le savoure à plein verre ; le Bordeaux est plus froid ; mais quand une fois il est fait, que arôme, quel bouquet ! c'est le vin de l'âge mûr, de la sagesse et de la réflexion. A en juger par mes vieux amis, j'ai hâté d'avoir soixante ans pour en faire mes délices. Mais tenez, pour mieux dire, vive un festin comme celui-ci où le Champagne me réjouit et me communique son enthousiasme, où le Bourgogne m'échauffe et m'enflamme, et où le Bordeaux me fait songer. »

Au reste, l'auteur a une certaine quantité d'amis; pas beaucoup, car en cela comme en toute chose il préfère la qualité à la quantité; mais enfin, il en a quelques-uns. Or, l'un est partisan du droit divin; c'est un gentilhomme accompli et un parfait *honnête homme*. Le second est républicain ; c'est le plus charmant enfant que la terre ait porté, toujours prêt à se sacrifier pour ses amis et pour tout le monde : c'est encore un *honnête homme*. Le troisième est orléaniste; mais quel bon bourgeois, quel bon père de famille, quel adorable négociant; il n'est pas moins *honnête homme* que les autres. Enfin, celui-ci est impérialiste; le courage, la gloire, l'honneur se lisent sur ses traits; c'est le plus généreux officier que la terre ait porté. Oh! pour celui-là c'est bien le plus *honnête homme* que je connaisse. De tout cela l'auteur a conclu que l'on pouvait être *honnête homme* dans tous les partis et en dehors de chacun d'eux, et il s'est dit alors : « Soyons tout simplement *honnête homme*, le fardeau est déjà bien assez lourd, et laissons aux fortes épaules et aux puissantes têtes le soin d'être à la fois hommes de parti et hommes honnêtes. »

M. Théodore Vibert qui est démocrate ardent, sans inféodation républicaine, et catholique convaincu en dehors des légitimistes et des ultramontains, ne poursuit qu'un but, au-dessus des luttes et des haines de tous les partis : l'union de la démocratie et de la religion. Grand admirateur des lois mosaïques, il montre que ce fut seulement chez le peuple juif que l'on vit règner cette heureuse et salutaire harmonie sociale qui doit être encore le but final et l'avenir de l'humanité.

La remarquable préface des *Girondins* est à lire tout entière et même à relire, sans omettre aucune des nombreuses notes historiques et philosophiques dont elle est enrichie, et qui n'en sont pas la partie la moins intéressante ni la moins instructive. Voici la courte conclusion de cette longue et belle préface :

Que celui qui, après avoir lu cette préface, ne se sentirait pas ami de l'auteur, jette le volume au feu, il n'a pas été fait pour lui.

Loin de brûler le livre comme l'auteur conseille de le faire à ceux qui ne sont pas devenus ses amis après la lecture de la préface, nous avons également lu tout entier le magistral poème des *Girondins*. Certes, si nous voulions analyser cette œuvre par le menu, nous trouverions à y relever bien des petites défaillances, bien des petites taches dont les plus communes sont des inversions forcées dans le genre de celle-ci :

Ce ne sont pas ces fers *qui tes bras déshonorent;*
Quoi que l'on fasse enfin, *maîtres ils se déclarent;*
Chabot pour me corrompre, *un piége me tendaît ;*
Dans le feu de son âme, *un vain espoir forma.*

Nous dirions également que l'auteur a été, selon nous, un peu trop prodigue de métamophores et de comparaisons qui ne sont pas toujours d'une justesse rigoureuse, et qui offrent l'inconvénient de suspendre l'attention du lecteur au moment où il est le plus intéressé au récit. Il est vrai que ces hors-d'œuvre ont pour effet de stimuler l'appétit, mais il ne faut jamais abuser des excitants. Ce sont là évidemment des critiques de détail tout à fait secondaires, qui ne sauraient diminuer en rien le mérite sérieux de l'ouvrage. En effet, on ne prend pas une loupe pour regarder Saint-Pierre de Rome, pas plus qu'on ne se sert d'un mètre pour en mesurer la grandeur. On est saisi par la beauté de l'ensemble, on en admire les vastes proportions et la majestueuse harmonie, mais il ne vient à la pensée de personne de chercher si certaines pierres ne porteraient pas quelques légères écorniflures. Or, dans son ensemble, le poème des *Girondins* est un véritable monument littéraire qui présente avec ceux de l'architecture d'autres analogies encore que celles dont nous venons de parler. La base, comme celle de tous les grands édifices, est plus solide que brillante ; mais à mesure que l'on s'élève ou que l'on avance dans l'ouvrage, on voit apparaître les ornements et les sculptures décoratives ; c'est-à-dire la hardiesse, l'élégance et la richesse du style.

Dans ce magnifique poème écrit sur l'un des épisodes les plus émouvants de notre grande Révolution, l'auteur est resté fidèle à l'histoire en représentant les héros de cette mémorable époque sous leurs véritables traits, avec leurs vices et leurs vertus, leur grandeur et leur bassesse, leur patriotisme et leur lâcheté ; et tous ces sentiments bons et mauvais souvent mélangés, heurtés et confondus au point de dérouter la raison humaine et de laisser douter de l'existence d'un Dieu, dont on avait eu soin, du reste, de supprimer le culte. M. Vibert a énergiquement saisi et admirablement rendu ces étonnants contrastes de passions, d'opinions et de caractères qui se prêtent si bien aux développements de la poésie, en donnant du mouvement et du dramatique au récit. Du reste, toutes les règles de l'art épique sont parfaitement observées dans ce poème qui, tout en embrassant plusieurs faits et en mettant en scène divers personnages, conserve cependant l'unité de sujet, d'action et d'intérêt. Tous les évènements viennent, en effet, se grouper autour d'un héros principal, seul personnage en partie fictif, mais dont la création était précisément nécessaire pour tenir le fil de l'action à travers les douze chants du volume : Ce personnage est Nicole, publiciste girondin, qui aime Isma, jeune royaliste dont il est aimé. Celle-ci, pour sauver sa mère jetée dans un cachot de la Conciergerie, accomplit les plus sublimes et les plus périlleux dévouements dont sa vertu sort triomphante. Mais n'anticipons pas sur les faits.

Le poème des *Girondins*, dont la troisième édition est aujourd'hui épuisée n'est plus une œuvre à juger, mais c'est toujours une œuvre à lire et à admirer, même après Lamartine qui a chanté en prose immortelle les immortels héros de la Gironde. Du reste, on peut également s'en tenir pour l'histoire au livre de M. Vibert, car, à part l'ingénieuse et sentimentale fiction des amours de Nicole et d'Isma, tous les évènements politiques, de cette époque si tourmentée se dégagent très-nettement de son beau poème dont voici les douze chants : Les Débuts, la Prison, les Cordeliers, les Montagnards, le Dévouement, Charlotte Corday, la Guerre civile, les Girondins, les Jacobins, Derniers soupirs de la Gironde, les Complots, et le Réveil. Il y a dans les discours d'Isma un curieux travail d'euphonie ; l'auteur pour leur donner plus de douceur en a retranché le plus d'*R* possible, suivant l'exemple de Racine. Dès le chant deuxième, la situation des divers partis est ainsi exposée :

La France était alors en trois camps divisée :
Le camp des *Jacobins ;* leur fureur maîtrisée
N'attendait qu'un instant pour broyer sous ses coups
Les peuples effarés courbés à leurs genoux.
Saint-Just, Collot, Couthon, le fourbe Robespierre,
Legendre, Tallien, Amar, Billaud, Barrère,
Dirigeaient du parti la rude ambition.
Le camp des *Cordeliers :* Chabot, Marat, Danton,
Bazire, Jullien, Lacroix, Hérault, Camille,
Lançaient sur le pouvoir leur sanglante famille.
Puis, par tous attaqué, le camp des *Girondins :*
Guadet, Isnard, Vergniaud, dirigent ses destins.
Ils dirigent la France, ils ont les ministères ;
Roland pour le pays, échauffe ses cratères ;
Il est présent partout ; dans son activité
Il devine en courant les vœux de la cité.
Entre ces trois partis, luttant à l'Assemblée,
Le *Marais*, par ses voix, quand la nue est gonflée ;

Qu'elle a vomi l'orage et troublé tous les rangs,
Rétablit l'équilibre et l'ordre sur les bancs :
Tous réclament sa voix, tant sa masse flottante
Peut fixer des partis la victoire inconstante.

Quant aux trois principaux tribuns révolutionnaires, ils sont peints d'un seul trait :

. . . . Marat est un infâme,
Robespierre un vautour, Danton un orgueilleux.

Le chant sixième, consacré à célébrer l'héroïsme de Charlotte Corday, est un des plus beaux. Nous n'en citerons que ce fragment, où, s'adressant à Barbaroux qui veut la détourner de son dessein, elle lui dit :

. . . . Ne pleure pas sur moi ;
Il est beau de mourir quand on meurt pour sa foi.
Je ne tremblerai pas. Fille du grand Corneille,
Aux récits des hauts faits mon âme se réveille.
Quand mon front tombera sanglant sur l'échafaud,
Vous pourrez applaudir, j'aurai sauvé Vergniaud,
J'aurai sauvé la France et, dans l'ignominie
J'aurai plongé Marat, cet infernal génie !

Nous signalerons encore comme écrits avec beaucoup de chaleur, de verve et de coloris la mort de Marat, les derniers adieux de Vergniaud, et surtout, au chant neuvième, la belle scène shakspearienne chez la sorcière Théos qui, en présence de Nicole, évoque les ombres de Marat, de Danton, de Robespierre, de Chabot, d'Hébert, etc. Le siège et la chute de Lyon, sous Couthon et Kellermann, au chant dixième, sont également racontés en vers homériques qui ont la trempe et la sonorité de l'acier.

En résumé, ce poème charpenté à la manière antique, et écrit, tantôt avec la pointe d'une épée, tantôt avec celle d'un poignard, est une œuvre solide, un véritable *opus magnum*, que les siècles ne détruiront point, et qui occupera toujours, avec son auteur, un rang distingué dans la littérature française.

IV

Les Quatre Morts (poème moral).

Le poème des *Quatre Morts*, qui compte également trois éditions, parut d'abord en 1865. Œuvre de moins longue haleine que la précédente, celle-ci se distingue par une versification aussi facile et plus correcte. Dans une courte et judicieuse préface, l'auteur renouvelle sa profession de foi politique et littéraire absolument indépendante. « Il ne veut pas, comme les partisans de « l'école classique, enchaîner la muse sur le lit de « Procuste de la règle; mais il ne veut pas non plus, « comme les romantiques, la promener, échevelée et « nue à travers toutes les débauches et toutes les orgies « de l'esprit humain. — Si l'école classique est celle du « despotisme, l'école du romantisme est celle de l'anar- « chie. — L'une, à force de vouloir nous river à la loi, « nous mène à l'atrophie de l'intelligence; l'autre à « force de vouloir nous délivrer du joug, nous plonge « dans la fange, nous traîne dans l'horrible, et nous « ramène à la barbarie. — La vérité n'est jamais aux « extrêmes. — Les lois qui régissent les choses de « l'esprit, comme celles qui régissent les corps, ont leur « foyer générateur au centre; et les langues, comme « tout ce qui existe dans l'univers, sont sujettes à des « lois invariables qu'il n'est pas permis d'enfreindre « sous peine de péricliter. »

Les *Quatre Morts* forment quatre chants ou petits

poèmes parfaitement indépendants et distincts ; mais dont la réunion n'est cependant pas indifférente, car les sujets ont été évidemment choisis de manière à ce que la grande leçon renfermée dans l'un se trouve complétée ou corroborée par celle qui se dégage de l'autre. Nous ferons seulement à ces pièces, et à la première surtout, le reproche d'être un peu trop concises, et de ressembler plutôt à des fragments qu'à des chants ou poèmes entiers.

A part ce regret qui, du reste, n'a rien de désobligeant pour l'auteur, nous dirons que *Le Christ* ou la *Mort d'un Dieu* est l'œuvre d'un bon poète et d'un bon chrétien qui, à l'exemple du divin Maître, prêche la justice, la vérité, l'oubli des injures et l'amour du prochain. Et nous ajouterons qu'il y a quelque mérite et quelque courage à remplir cette haute mission morale au milieu d'une société profondément égoïste et sceptique comme la notre. Mais le poète est un semeur qui répand son grain à pleines mains, sans s'inquiéter où il tombe, persuadé du moins qu'une partie pourra rencontrer un sol fertile et produire cent pour un.

Louis XVI ou la *Mort d'un Martyr* nous montre à la fois ce que la passion aveugle peut avoir de plus lâche dans les bas-fonds de l'humanité, et ce que l'abnégation et la vertu ont de plus sublime en haut ; car, comme le dit le poète :

La mort est pour les rois le sceau de leur noblesse.

On voit tout de suite l'analogie frappante qui existe entre ces deux morts : la victime divine et la victime royale sont sacrifiées aux mêmes haines populaires, et boivent également jusqu'à la lie le calice d'amertume en offrant leur vie en holocauste et en pardonnant à leurs bourreaux :

Souvenez-vous, mon fils, que la vertu des rois
Est d'oublier la haine et d'étouffer les voix
Qui du fond de nos cœurs, brisés par la souffrance,
Contre un sanglant passé souffleraient la vengeance.

Napoléon ou la *Mort d'un Conquérant* offre à notre méditation un autre exemple de la fragilité et du néant des grandeurs d'ici-bas :

Qui donc reconnaîtrait ce conducteur d'armée
Dont la gloire trônait sur l'Europe abimée,
Dans ce cadavre froid que le dernier frisson
Tenaille sourdement sous le regard d'Hudson?

Le glorieux vainqueur d'Arcole et d'Austerlitz expirant seul exilé sur un rocher désert ; quelle leçon d'humilité pour les puissants de la terre! Avant de mourir, Napoléon revoit en rêve tout son brillant passé :

Ces beaux jours d'autrefois où dominant l'orage
Dont les éclats grondaient sur l'univers en feu,
Il enchaînait les rois vaincus à son essieu.
Il voit ses bataillons souillés, couverts de poudre
Affronter glorieux les hasards de la foudre.
Arcole! Moscowa! tremblez! nos escadrons
Roulent victorieux sous le bruit des clairons.

Voici au reste en quels termes le docteur Rossi parle de ce poème dans le *Propagateur du Var* de septembre 1865 :

« Dans la *Mort de Napoléon*, le poète nous a paru « élever le ton de son luth. Ici la grandeur des images « nous semble s'harmoniser avec l'éclat du style. Le « monologue du Prométhée des temps modernes est « écrit de main de maitre. »

Enfin dans *Voltaire* ou la *Mort d'un Philosophe*, nous voyons un des esprits les plus superbes obligé de s'incliner sous le doigt du Dieu dont il avait voulu nier la puissance :

Doué d'une âme ardente et d'un immense orgueil,
Possédant de longs jours pour rire du cercueil,
Voltaire avait dompté par son rare génie
Le siècle corrompu d'où la vertu bannie
Fúyait, humble exilée aux pieds de l'Eternel
Réclamer un vengeur qui délivrât l'autel.

Mais à l'approche de la mort, le philosophe athée reconnaît l'inanité de ses doctrines matérialistes, et il demande à se réconcilier avec le Dieu qu'il avait offensé et méconnu pendant une partie de sa vie [1]. Combien de prétendus esprits forts et de libres-penseurs, dans ce siècle d'irréligion, font les rodomonts et les railleurs, tant qu'ils sont en bonne santé, et qui s'empressent d'imiter Voltaire au moment suprême. A quoi leur a servi alors toute cette vaine forfanterie et cette incrédulité dont ils faisaient si tristement parade?

Voici la fin de ce poème :

. . . .

Lorsqu'une heure plus tard le fidèle vicaire,
Porta l'agneau de paix au vautour du calvaire,
Du sage anéanti le cadavre brisé
N'offrait plus aux regards qu'un bloc pulvérisé,
Comme ces monts brûlés au souffle des abîmes,
Qui plongent dans les cieux leurs désolantes cimes!

1 Le 20 janvier 1778, Voltaire écrivit à l'abbé Gaultier, vicaire de Saint-Sulpice : « Vous m'avez promis, Monsieur, de venir pour « m'entendre; je vous prie de vous donner la peine de venir le plus « tôt que vous pourrez.

VOLTAIRE. »

Et la science avait justement mesuré
Le pouvoir du breuvage en son âme infiltré!
Sans recevoir ce Dieu qui rit de sa sagesse,
Le sage s'éteignit dans sa lugubre ivresse,
Et son siècle menteur, père de l'ouragan,
Proclama que, vaincu, le Dieu du Vatican
S'écroulait à la voix de la philosophie;
Que l'on riait d'un Christ qu'en vain l'on déifie!
Et nos pères ont vu la tempête éclater!
Ils ont vu le délire à son faîte monter!
Ils ont vu les humains, arborant de Voltaire
Le drapeau décevant, épouvanter la terre.
Ils ont vu des bandits adorer la Raison
Dans ce temple du Dieu qui gronde à l'horizon!
Ils ont vu la sagesse, assise à la tribune,
Décréter le devoir d'assouvir sa rancune,
Et la philosophie, embrassant les bourreaux,
S'élancer triomphante aux flancs des échafauds;
Ils ont vu l'ouragan mener à l'agonie
Les peuples corrompus par ce fourbe génie!
Ils ont vu sur leur front la colère de Dieu
Passer comme à Sodome en tempête de feu!

V

Rimes d'un vrai Libre-Penseur (Recueil).

A mesure que M. Théodore Vibert avance dans la carrière poétique et littéraire, son vers devient plus ferme, plus harmonieux, plus nourri; on sent que l'auteur suit à la fois la loi du travail et celle du progrès, qui sont les deux grandes lois de l'humanité. Ce progrès est surtout bien caractérisé dans les *Rimes d'un vrai Libre-Penseur*, recueil de poésies diverses qui a paru en 1876, chez l'éditeur, Ernest Leroux, 28, rue Bonaparte, à Paris.

Comme M. Alexandre Dumas fils, M. Théodore Vibert a le goût des préfaces, et il les fait toujours excellentes. Voici les principes pleins de sens et de sagesse qu'il affirme de nouveau en tête de ce dernier volume :

Dans ses précédentes préfaces, l'auteur a dit et redit sur tous les tons qu'il n'appartenait à aucun parti politique, non plus qu'à aucune école littéraire. Il a dit qu'il était poète, philosophe, démocrate et catholique, et qu'il ne voulait être rien autre chose : cette situation a été approuvée par le plus grand nombre, surtout par les honnêtes gens qui déplorent le malheur de notre pays dévoré par l'esprit de parti. Les événements ont prouvé combien était sage sa détermination ; il ne s'est pas vu, comme tant d'autres, obligé de faire teindre sa robe politique pour se mettre au niveau des idées du jour, puisqu'il n'en porte pas.

Plus que jamais, il restera indépendant de tout système politique ; il l'a déjà dit, il respecte la forme politique que la France a reçue ; de même qu'il a servi sincèrement et loyalement son pays sous l'Empire, de même il continuera à le servir sous la République ; parce que le pays est toujours le pays et que la forme qu'il adopte est, au demeurant, une question bien secondaire, n'intéressant à proprement parler que les ambitieux qui ont la prétention d'être préfets, ministres, ambassadeurs ou tout au moins députés. Mais, pour le commun des mortels, le pays plane au-dessus de ces misères, comme dans un temple la divinité plane au-dessus de l'architecture du monument où elle est adorée. Que le temple soit roman, gothique ou grec, c'est toujours au même Dieu que l'homme adresse ses hommages.

Nous ne saurions évidemment passer en revue toutes les pièces, au nombre de plus de soixante, qui composent ce volume. Bornons-nous à dire que les *Rimes d'un vrai Libre-Penseur* ne sont pas comme on pourrait le croire peut-être d'après ce titre, l'œuvre d'un matérialiste, et une négation de toute foi religieuse ; ce livre est au contraire l'œuvre d'un homme de bien qui, armé du fouet vengeur de Juvénal, fustige d'importance les hommes de mal de notre époque, pour les ramener au sentiment et à la pratique de la vertu.

Dans l'épître *A Berchoux*, qui ouvre le recueil, M. Vibert peint ainsi les deux principaux héros de la prétendue Défense nationale :

Il fallait un génie : un avocat sans cause
Dérobe le pouvoir et commande aux soldats.

. . . .

Un autre dans Paris, amoureux de la phrase,
Parlant, riant, pleurant, toujours avec emphase,
Dans son profond orgueil se rêvant un Créqui,
Sans le moindre remords *oublia* Bourbaki.

A Jules Favre, *Plume à vendre*, *la Mouche du coche*, *le Trône et l'Autel* sont également des satires vives et mordantes qui vont chercher les visages sous les masques et les sentiments au fond des cœurs pour les exposer au grand jour dans toute leur nudité. Mais pour se reposer l'esprit sur des sujets plus consolants et plus agréables, on trouve aussi un grand nombre de pièces intimes et charmantes adressées par l'auteur à ses enfants et à ses amis. Le genre épistolaire est même le caractère distinctif et saillant du volume. Ce genre, on le sait, comporte une certaine liberté et une facilité d'allure qui toutefois n'excluent ni l'élégance ni la pureté du style. Si quelques pièces peuvent encore laisser un peu à désirer sous ce rapport, nous devons constater que la plupart sont tout-à-fait irréprochables de forme et de fond. Tirons de ce riche écrin la jolie perle que voici, façonnée par l'auteur pour marquer le quinzième anniversaire de la naissance de sa fille Blanche. Ce petit joyau est intitulé :

A MA FILLE CHÉRIE

Au Couvent de Saint-Thomas de Villeneuve

Volage hirondelle
A ton nid fidèle
Quand reviendras-tu ?
Chacun dit : « Loin d'elle
« Je suis abattu ! »

Ma brune fauvette,
La maison muette
Songe à ton retour
Et dit : « Sans fillette,
« Bien long est le jour ! »

Ma charmante rose
Le jardin morose
Ne rit plus jamais ;
Flore en vain expose
Ses riches attraits.

Mignonne pervenche,
Parfois le dimanche
Te réclame au bois.
L'écho dit : « Sans Blanche,
« Je n'ai plus de voix. »

Ma perle chérie
Ta mère attendrie
A ton souvenir
Voit en rêverie
Ton front se ternir !

Reviens, reviens vite
Que tout ressuscite
A ton doux accent
Que ta joie invite
Le bonhenr absent.

Ta quinzième année
De fleurs couronnée
Rira près de nous ;
Qu'à peine sonnée,
Son destin soit doux !

Nous citerons encore notamment, parmi les pièces les plus remarquables sous tous les rapports le magnifique poème intitulé : *Ephah* [1]. Cette pièce mérite une analyse spéciale.

Ephah est une belle fille d'Eve, orgueilleuse et libre comme une cavale indomptée, ne connaissant que sa volonté, sans oser pourtant braver ce que l'on appelle le respect humain. Un beau jeune homme de vingt ans, Abdon, en est amoureux fou, et la presse de répondre à ses feux en demandant à l'épouser. Mais le mariage est une chaîne dont elle ne veut pas. Cependant, elle finit par accorder à Abdon un rendez-vous chez elle. Là, le père d'Ephah étant sur le point de surprendre les amants, celle-ci fait jurer à Abdon de ne point la trahir, puis elle pousse des cris et feint d'avoir été violée. L'amant ne nie point le fait qu'il rejette sur l'ardeur de sa passion ; il est alors poursuivi et condamné en cour d'assises, sans que la dangereuse sirène qui l'a perdu cherche à le sauver en proclamant son innocence qui serait l'aveu de sa faute, à elle. Mais le châtiment expiatoire ne tarde pas à atteindre la malheureuse Ephah qui niait le pouvoir et la justice de Dieu. Sur le point de mourir, après avoir donné le jour au fruit de sa faute, elle est prise d'un tardif et salutaire remords, qui l'oblige à confesser son mensonge et à demander à se réconci-

1 Ce nom, comme ceux d'*Abdon*, de *Nabal*, de *Chaccham* sont des noms hébreux dont la signification indique parfaitement le caractère de ces personnages.

lier avec Abdon. Celui-ci est tiré de prison pour venir contracter un mariage *in extremis* avec la femme qu'il n'a pas cessé d'aimer malgré ses torts envers lui, et à laquelle il pardonne, en lui jurant de veiller sur leur enfant. Cette histoire, comme on le voit, est très-touchante et très dramatique, sans sortir du domaine du possible et du réel.

Nous pourrions, certes, parler de bien d'autres pièces non moins remarquables du même volume. Nous préférons y renvoyer le lecteur en lui recommandant particulièrement les *Satires gauloises* et les *Epigrammes* de la fin. Il y a dans les unes et dans les autres de l'esprit, de la causticité et du trait que nous croirions empruntés à Voltaire si nous ne savions que l'auteur n'a jamais rien emprunté à personne et que, du reste, il est antivoltairien. Ces satires doivent leur rapidité et leur mouvement à la suppression de la césure dans les petits vers de sept pieds.

VI

Candidatures à l'Académie Française.

Malgré la rapidité avec laquelle nous avons parcouru les travaux littéraires et philosophiques de M. Théodore Vibert, cette étude sommaire a pu suffire à mettre en relief les éminentes qualités de cœur et d'esprit de ce sympathique poète, et à prouver qu'il n'est ni le premier ni le dernier venu dans le monde des lettres. Du reste la place honorable que cet honnête écrivain a su s'y faire est pure de toute alliance et de toute intrigue. Il n'a jamais bu que dans son verre, et le vin qu'il y boit n'est point frelaté, car il le récolte lui-même.

En 1874, l'auteur des *Girondins* brigua le fauteuil de Jules Janin à l'Académie française; mais il le fit avec une indépendance de langage que nos immortels sont asssurément peu habitués à entendre, et qui n'était pas faite, dans tous les cas, pour lui concilier la plupart des voix de l'illustre corps. Voici, en effet, en quels termes il écrivit à M. Patin pour poser sa candidature :

« Monsieur le Secrétaire perpétuel,

« Je ne suis ni prince, ni duc, ni marquis, ni comte,
« ni vicomte, ni baron. Je ne suis ni ministre, ni am-
« bassadeur, ni sénateur, ni député, ni préfet. Je suis
« simplement poète et philosophe et c'est à ce double
« titre que je viens solliciter les suffrages de votre docte
« Assemblée.

« Agréez, etc.

THÉODORE VIBERT. »

Etait-ce de l'audace, de la présomption, ou simplement de la naïveté? Mon Dieu non! C'était une revendication légitime et une tentative sérieuse, dans laquelle le candidat tenait à s'assurer de ce que peut le mérite personnel luttant loyalement seul à visage découvert pour le triomphe du droit. Eh bien! cette épreuve n'a pas été tout-à-fait stérile, car elle a convaincu, une fois de plus, M. Vibert du peu de fond que l'on doit faire sur certains théoriciens de la démocratie qui ont sans cesse sur le bout des lèvres et de la plume les mots sacramentels de liberté, égalité, fraternité, et qui, lorsqu'un homme du peuple entre résolûment dans l'arène pour revendiquer l'un des plus beaux priviléges de cette noble devise — la liberté, l'égalité, et la fraternité de l'intelligence — s'empressent de lui rire au nez et de lui tourner le dos. En effet, la candidature de M. Vibert fut à peu près exclusivement combattue par les journaux prétendus libéraux sur lesquels il croyait avoir le plus droit de compter.

Mais son premier échec, prévu du reste, ne l'a ni découragé ni abattu, car il le retrouve aujourd'hui sur la brèche, plus résolu que jamais à affronter seul encore un nouveau combat pour le fauteuil de Joseph Autran. Lui opposera-t-on, comme fin de non-recevoir, l'insuffisance de son bagage littéraire? Mais combien d'académiciens en ont un plus léger. Car, sans parler de ses autres productions, le poème national des *Girondins* seul, malgré les défaillances inévitables dans un ouvrage de cette importance, ne peut-il pas suffire à justifier une élection académique pour son auteur? Sa naissance? Mais pour être roturière en est-elle moins légitime et honorable? Puis le reproche de rôture ne serait-il pas au moins singulier par le temps égalitaire qui court? Nous ne voyons donc pas, en vérité, quel motif pourrait empêcher M. Théodore Vibert de se présenter à l'Académie française et d'y être élu.

Au reste, nous sommes dispensés de nous appesantir davantage sur la valeur littéraire et morale des œuvres de M. Vibert par les nombreuses et flatteuses appréciations qui en ont été faites dans la presse, ainsi que par les honorables suffrages qu'a reçus directement cet écrivain distingué de la plupart de nos illustrations littéraires, parmi lesquelles nous citerons MM. Blanquart de Bailleul, Prosper Blanchemain, le comte Napoléon Daru, Emile Deschamps, Achille Millien, Frédéric Mistral, François Ponsart, etc.

Enfin, M. Vibert qui est le collaborateur recherché d'une foule de journaux, est encore sur le point de publier sous le titre : *Le Droit divin de la Démocratie*, une très-sérieuse étude sur les lois juives comparées aux lois modernes. Là le système philosophique qu'on ne fait qu'entrevoir dans la préface des *Girondins* se trouvera clairement exposé, en même temps que toutes les plaies sociales de notre époque seront examinées avec soin et suivies de l'indication de leur remède.

Ce grand ouvrage philosophique pourra être considéré comme le couronnement de l'œuvre de l'auteur.

VII

M. Paul Vibert fils.

Mais cette Notice serait encore incomplète si nous n'y ajoutions un paragraphe consacré spécialement à M. Vibert (Edmond-Célestin-Paul), fils du précédent, né à Paris, le 18 février 1851, car, de toutes les œuvres de M. Théodore Vibert, celle-ci ne lui fait pas le moins d'honneur.

Aussitôt qu'il eut terminé ses études, ce jeune homme embrassa d'emblée la carrière littéraire, et débuta dans le journalisme militant. Il fit ses premières armes au *Pays*, en 1872, puis entra à l'*Espérance nationale*, où il resta jusqu'à la fin de ce journal. En 1874, M. Paul Vibert publia chez Lachaud et Burdin une brochure politique à sensation intitulée : *La Démocratie impériale*. Ce petit opuscule de 32 pages eut un immense succès, non-seulement comme œuvre de parti, mais surtout comme œuvre de logique et de conviction pouvant défier toutes les attaques et toutes les controverses.

L'année suivante, il publia, à la même librairie, une autre brochure exclusivement littéraire, dont le titre : *Un dizain de Sonnets*, indique parfaitement l'objet. Ce début poétique ne fut pas moins heureux que le début politique du même auteur, car il donna la mesure d'un talent de versificateur souple, gracieux et facile, susceptible de s'adapter à tous les genres de poésies, depuis la satire vive et mordante, jusqu'à la fraîche idylle et à la triste et plaintive élégie.

Pour ne pas nous donner la peine de faire un choix dans ce petit recueil, citons-en le premier sonnet :

MES SŒURS

A Madame Céleste Salomé

La nature autrefois me fit don d'une sœur;
Pour moi, petit enfant, dont l'âme était si tendre,
Ce fut, je vous le jure, un bien rare bonheur;
Mais les anges du ciel n'ont pas voulu l'attendre!

Un soir elle mourut!... En voyant ma douleur
Et mes larmes d'enfant qui ne sait se défendre,
Le Seigneur s'attendrit et consola mon cœur
En me disant tout bas qu'il allait me la rendre.

Blanche, éclose un matin sous le toit désolé,
Répandant au logis le rire consolé,
Eteignit à jamais les feux de ma tristesse.

Mais, Madame, aujourd'hui jugez de mon ivresse;
Je devais une sœur à la bonté des cieux :
Je vous dois maintenant d'en pouvoir aimer deux!

Cette chute délicatement tournée en madrigal n'est-elle pas tout-à-fait charmante?

Ce petit recueil valut au jeune Poète le sonnet humoristique suivant d'Alexandre Cosnard, l'ami intime d'Emile Deschamps, le sympathique auteur de *Tumulus* :

Poète fils de poète,
Paul Vibert, merci dix fois
Pour vos dix sonnets de choix
Qu'à chaque instant je répète!

Chez vous la Muse en vedette
Forma votre jeune voix,
Et pour appliquer ses lois,
Vous apprit bien sa recette.

Vibert (Théodore) ainsi
A doublement réussi,
Plus heureux que beaucoup d'autres ;

Vers charmants, nouveaux, anciens,
Il est le père des siens
Et le grand père des vôtres !

ENVOI

Au jeune *Paul Vibert*,
En poésie expert ;
Moi, vieux rimeur maussade,
Dans un sonnet malade,
Je rends grâce un peut tard.
— *Alexandre Cosnard.* —

M. Paul Vibert, tout en étant attaché aux bureaux d'une grande compagnie financière, collabore activement à plusieurs journaux et revues littéraires ou politiques ; notamment à *Paris-Journal*, au *Biographe*, au *Concours poétique*, au *Sonnettiste*, dont il est le secrétaire de rédaction, etc. On voit que le fils tient à justifier le proverbe : *Bon sang ne peut mentir*, et qu'il marche courageusement et glorieusement sur les traces de son noble et vénéré père.

Comme goût particulier, M. Paul Vibert affectionne tous les exercices du corps et surtout la valse et le patin où il excelle.

ARSÈNE THÉVENOT.

Troyes, le 16 Mars 1877.

APPENDICE

VIII

Épître à Monsieur Théodore Vibert [1]

En vous rendant hommage, ô Poète immortel,
Je ne fais qu'accomplir un acte de justice;
Et quand en votre honneur, on élève un autel,
C'est mon droit d'apporter ma pierre à l'édifice.
De l'ombre où je me livre à l'étude de l'art,
A vos nobles travaux, souffrez que j'applaudisse!
Dans le tribut d'éloge où chacun a sa part,
Entre toutes, je veux que ma voix retentisse.

Avec un vif plaisir, avec un vrai bonheur,
J'ai lu, sans m'arrêter, votre charmant volume;
Et pour bien exprimer le langage du cœur,
Il n'est telle, Monsieur, que votre digne plume.
Sachant dans votre style unir la forme au fond,
Si vous êtes parfois le doux miel qui parfume;
Moraliste savant, philosophe profond,
En vous on trouve aussi le fer qui bat l'enclume.

C'est énergique et franc, bien pensé, bien écrit!
L'intérêt va toujours grandissant chaque page;
Quand on possède autant de talent et d'esprit,
Il suffit d'un seul trait pour dépeindre une image.
Vous allez droit au but, sans dévier jamais,
Bravo, maître, bravo! bon succès et courage;
Du Parnasse aisément vous touchez les sommets,
Et chaque jour qui vient, vous montez davantage.

1 M. Théodore Vibert est l'auteur de plusieurs ouvrages remarquables, entre autres *Edmond Reille*, roman; *les Girondins*, poëme historique; et *Rimes d'un vrai libre penseur*, fortes et vigoureuses poésies. Nous devons le plaisir de connaître ce dernier volume à l'amabilité de M. Paul Vibert, son fils, qui lui-même est l'auteur d'un charmant recueil de sonnets.

A. V. de S.

Pour vous, la Renommée a cent trompettes d'or
Et de ses bras puissants, la gloire vous enlace,
Librement tous les deux, vous prenez votre essor,
Rayonnant dans l'azur, illuminant l'espace.
Vous pouvez être fier des titres précieux,
Qui parmi les premiers assignent votre place !
Le génie a marqué votre front radieux,
Votre nom est de ceux que jamais rien n'efface.

Quand le luth sous vos doigts vibre avec gravité,
La Muse à vos ardeurs se donne toute entière,
Votre œil peut du soleil soutenir la clarté,
Comme l'aigle superbe à la prunelle altière.
A vos accents, l'écho résonne avec transport,
Vous êtes la raison, vous êtes la lumière
Et je salue en vous le Progrès saint et fort
Qui sur l'humanité déroule sa bannière.

La récompense est chère à qui sait l'obtenir !
Ils sont doux à cueillir les fruits du bien qu'on sème !
Vous êtes le présent, vous serez l'avenir,
Le blason du mérite a le temps pour emblême,
L'espoir en souriant vous a guidé jadis,
La victoire aujourd'hui vous offre un diadème ;
Et revivant encor dans votre aimable fils,
Du laurier qui le ceint, vous vous parez vous-même.

Ali Vial de Sabligny.

TABLE

PAGES.

§ Ier. — Enfance et Etudes de M. Théodore Vibert . . . 3
§ II. — Edmond Reille (roman). 7
§ III. — Les Girondins (poème) 12
§ IV. — Les Quatre Morts (poème). 19
§ V. — Rimes d'un vrai Libre-Penseur (poésies) . . 23
§ VI. — Candidatures à l'Académie Française 28
§ VII. — Mr Paul Vibert fils 31
§ VIII. — Epitre à M. Théodore Vibert, ... 34

Ouvrages de M. Théodore Vibert :

Edmond Reille, roman philosophique, 2 vol. in-8°. — Paris, Dentu, 1856 (3e édition).

Les Girondins, poëme épique national en douze chants, un volume in-8°. — Paris, Vanier, 1860 (3e édition en 1866).

Les Quatre Morts, poëme en 4 parties : la mort du **Christ**, la mort de **Louis XVI**, la mort de **Napoléon** et la mort de **Voltaire,** brochure in-12. — Paris, Vanier, 1865 (3e édition complétement épuisée).

Rimes d'un vrai Libre-Penseur, poésies diverses, in-8°. — Paris, Ernest Leroux, 1876.

Le droit divin de la Démocratie, étude philosophique et sociale prête à mettre sous presse.

Ouvrages de M. Paul Vibert fils :

La Démocratie Impériale, brochure politique, in-32. — Paris, Lachaud, 1874.

Un dizain de Sonnets, brochure in-18. — Paris, E. Lachaud et Cie, 1875.

www.ingramcontent.com/pod-product-compliance
Ingram Content Group UK Ltd.
Pitfield, Milton Keynes, MK11 3LW, UK
UKHW022153190726
13855UKWH00004B/1459